BEI GRIN MACHT SICH IHR WISSEN BEZAHLT

- Wir veröffentlichen Ihre Hausarbeit, Bachelor- und Masterarbeit

- Ihr eigenes eBook und Buch - weltweit in allen wichtigen Shops

- Verdienen Sie an jedem Verkauf

Jetzt bei www.GRIN.com hochladen und kostenlos publizieren

Leon Hermann

Wie profitiert Südkorea von der Globalisierung?

Mit Beispiel der Planstadt Songdo-City

GRIN Verlag

Bibliografische Information der Deutschen Nationalbibliothek:

Die Deutsche Bibliothek verzeichnet diese Publikation in der Deutschen National-
bibliografie; detaillierte bibliografische Daten sind im Internet über http://dnb.d-
nb.de/ abrufbar.

Impressum:

Copyright © 2011 GRIN Verlag, Open Publishing GmbH
Druck und Bindung: Books on Demand GmbH, Norderstedt Germany
ISBN: 978-3-640-94306-7

Dieses Buch bei GRIN:

http://www.grin.com/de/e-book/173915/wie-profitiert-suedkorea-von-der-globali-
sierung

Erzbischöfliches St. Ursula-Gymnasium Düsseldorf

Wie profitiert Südkorea von der Globalisierung mit Beispiel der Planstadt 'Songdo-City'

Eine Facharbeit im GK2 Sozialwissenschaften

vorgelegt und bearbeitet von

Leon Hermann

Schuljahr 2010/ 2011

Inhaltsverzeichnis

---

1   Vgl. Pascha, Werner: Korea-Eine Wirtschaft zwischen Aufbruch und Umbruch, B.I. Taschenbuch-Verlag,
Mannheim, Leipzig, Wien, Zürich, 1996

1. Vorwort

Der Aufstieg Südkoreas von, nach dem Ende des Korea-Krieges (1950-1953) einem der „ärmsten Länder der Welt"[2] bis hin zur „15.-größten Volkswirtschaft 2009"[3] gilt als einer der beeindruckensten Entwicklungs- und Modernisierungsprozesse in der gesamten Weltgeschichte.

In einigen Bereichen, wie zum Beispiel in der Manufaktur von Computerchips oder in Sparten der Unterhaltungsindustrie, ist das Land bereits wichtigster Produzent in der ganzen Welt. Mit dem wirtschaftlichen Erfolg wurden die bisher in dem Land traditionellen konfuzionistischen Strukturen verändert und neue, vormals westliche, Denk- und Arbeitsweisen übernommen.

Darüber hinaus stellte der Weltmarkt neue Anforderungen an das ostasiatische Land, da die Nachfrage an Gütern aus Südkorea in den letzten 20 Jahren enorm gestiegen ist. Somit wurde von der Regierung Südkoreas in zahllose Projekte, welche der Standortverbesserung dienen sollten, investiert.

Eines dieser Projekte ist das der Planstadt 'Songdo-City', mit welcher ich mich in dieser Facharbeit im Allgemeinen und im fachspezifischen Bezug auf Globalisierungs- und Wirtschaftsaspekte auseinandergesetzt habe.

Mir lag das Thema dieser Facharbeit 'Die Auswirkungen der Globalisierung auf Südkorea mit dem Beispiel Songdo-City' nahe, da ich mich generell sehr für den (ost)asiatischen Wirtschaftsraum interessiere und mich dieser kometenhafter Aufstieg des „Tigerstaats"[4] äußerst fasziniert.

---

[2] http://www.auswaertiges-amt.de/DE/Aussenpolitik/Laender/Laenderinfos/KoreaRepublik/Bilateral_node.html (Letzter Zugriff am 27.03.2011)

[3] http://www.auswaertiges-amt.de/DE/Aussenpolitik/Laender/Laenderinfos/KoreaRepublik/Bilateral_node.html (Letzter Zugriff am 27.03.2011)

[4] Vergleiche: http://wirtschaftslexikon.gabler.de/Definition/tigerstaaten.html?extGraphKwId=6303 (Letzter Zugriff am: 27.03.2011)

Um den Entwicklungsprozess dieses vergleichsweise kleinen Landes (in etwa so groß wie Bayern und Baden-Württemberg zusammen) zu verstehen, gebe ich vorab einen Einblick in die Geschichte Südkorea's. Danach wende ich mich der Planstadt 'Songdo-City' zu.

2. Südkorea's Aufstieg-
Vom „hoffnungslosen Fall"[5] zum
erfolgreichen Spätentwickler

2.1 Neuausrichtung nach dem Ende des Korea-Krieges

Nachdem Südkorea 1953 unter Führung des „Antikommunisten" Syngman Rhee und mit Unterstützung der Amerikaner die Invasion der Nordkoreaner zurückgeschlagen hatten und den 38.Breitengrad als Grenze gefestigt hatten, war Rhees Ziel vor allem, die wirtschaftliche Lage innerhalb Südkoreas zu stabilisieren. So hat sich Südkorea während der 1950er Jahre vom Weltmarkt abgekoppelt, um stabile Preise für lebensnotwendige Produkte und niedrige Zinssätze für den Aufbau einer neuen Industrie zu festigen. Während dieser Zeit galten die Vereinigten Staaten von Amerika als „einer der wichtigsten Parameter zur Erreichung dieses Ziels"[6].

Darüber hinaus wurde von der Rhee-Regierung das bis dahin hauptsächlich auf die Agrarwirtschaft ausgerichtete Land neu verteilt, da die Maximalgröße, was ein Einzelner an Land besitzen konnte nun nur noch 3 Hektar betrug. Dies hatte den Vorteil, dass sich die für die Entwicklung von Entwicklungsländern so schwierigen Großgrundbesitzer gar nicht erst bilden konnten.

Die 50er Jahre waren für Südkorea vor allem eine Zeit des Wiederaufbaus. Als Zeichen dafür gilt vor allem das reale Wirtschaftswachstum, welches in der Zeit von 1953-1961 immer knapp unter 4% lag.

Während die Wirtschaft in Südkorea sich in den 50er Jahren re-stabilisiert hat, nahm das Pro-Kopf- Sozialprodukt um etwa 1% pro Jahr zu.

---

5   Vgl. Pascha, Werner: Korea-Eine Wirtschaft zwischen Aufbruch und Umbruch, B.I. Taschenbuch-Verlag, Mannheim, Leipzig, Wien, Zürich, 1996
6   Vgl. '5'

2.2 Die Wachstumspolitik in den 1960er- und 70er Jahren

Um den wirtschaftlichen Erfolg zu garantieren und um die instabile Phase in der Süd-
koreanischenn Politik, wo ein Diktator den anderen ablöste, zu beenden, erstellte der 1961
an die Macht gekommene General Park Chung Hee im Verlauf von einer Dekade drei-
Fünfjahrespläne, welche alleine zum Wachstum verschiedener Industrien in
degesamtkoreanischenen Wirtschaft und um ausländisches Kapital anzulocken dienten, auf.
So konnte in den 60er Jahren ein jährliches Wachstum von etwa 7,8% erwirtschaftet
werden, welche vor allem auch „von der Politik der Exportförderung"[7] profitierte. Diese
beruhte auf „niedrigen Löhnen, einem fast unerschöpflichen Arbeitskräftereservoir, sowie
dem Einsatz einfacher, importierter Technologien ."[8]
Diese auch „Growth first/Export first"[9] genannte Strategie „die bis Mitte der 80er-Jahre alle
südkoreanischen Regierungen konsequent verfolgten, zeichnet sich trotz der Knappheit an
natürlichen Ressourcen durch eine konsequente Industrialisierungs- und
Außenhandelsorientierung aus."[10]
Jedoch wurde von Experten während der Erstellung des dritten Fünfjahresplans (1971)
gedeutet, dass die bisherige Wirtschaftspolitik auf die Dauer nicht den gewünschten Erfolg
erzielen würde, womit die Regierung unter Park sich in eine andere wirtschaftspolitische
Richtung entwickeln musste.
So wurde mit der Umverteilung von Schulden, wodurch auch „marode Firmen erhalten
wurden"[11] ein gewünschter Effekt der Stabilisierung der Binnenindustrie erzeugt. Darüber
hinaus wurde durch eine von Park charakterisierte „Generalmobilmachung"[12] zur
Förderung der Exportpolitik alle möglichen Gelder zur Verfügung gestellt. Dies zeigte bis
zum Ende der 70er Jahre Erfolg, was sich jedoch durch die weltweiten Erdölkrise ändern
sollte.

---

7   Vgl. '5'
8   Vgl. '5'
9   Vgl. '5'
10   Engelhard, Karl: Südkorea-Vom Entwicklungsland zum Industriestaat, Waxmann, Münster/New
York/München, 2004
11   Vgl. '5'
12   Vgl. '5'

Im Allgemeinen bezeichnen Wissenschaftler die 60er-Jahre „als eine Phase der
Exportförderung"[13] und die 70er Jahre im Gegenzug als eine „Phase der der
Importsubstitution"[14]

2.3 Der Wiederaufstieg dank den 'Chaebeul' und die momentane wirtschaftspolitische Lage

Südkorea hat seit Anfang den 80er-Jahren einige herbe wirtschaftliche Schläge hinnehmen
müssen:

Zum Einen wurde durch steigende Erdölpreise die Expansionsbestrebungen gehemmt, zum
Anderen hatte „Die Überexpansion, verbunden mit einer Niedrigzinspolitik"[15] die
Inflationsgefahr für Südkorea stark vergrößert, sodass der Staat mit verschiedenen
Maßnahmen sich dieser drohenden Katastrophe entledigen musste. Obwohl 1979 schon
„das Ende des koreanischen Wirtschaftswunders"[16] propagiert wurde, schaffte es Park mit
Hilfe von einer strengen Geldverteilungspolitik die drohende Gefahr abzuwenden.

Über die 80er Jahre hinweg entwickelte sich der koreanische Staat zu einem wichtigen
Wirtschaftspartner der Industrienationen im asiatischen Wirtschaftsraum. In dieser Zeit
strebte die Regierung vor allem Reformen im Bereich der Gesundheitspolitik an. Zeitgleich
bildete sich ein „Demokratisierungsschub"[17] innerhalb des koreanischen Volkes, welches
die Löhne in Korea um durchschnittlich 22% an-stiegen ließen.

Beispielhaft dafür sind die Entwicklung der sogenannten 'Chaebeul' , auf deutsch
'Mischkonzerne', welche zu hohem Maße für die überaus großen Exporteinkünfte
verantwortlich waren. Jedoch gerieten im Zuge der asiatischen Wirtschaftskrise 1997 11
der 30 größten Chaebeul Pleite[18] , die hier nun für einen leichten Rückgang des
wirtschaftlichen Wachstums gesorgt haben

Nur langsam konnte sich Südkorea von dieser Krise erholen, was jedoch mit Hilfe von
hohen Exporten auch gelang.

Heutzutage gilt Südkorea als, nach Japan und China, wichtigste Wirtschaftnation in Asien,

---

13　　　Vgl. '5'
14　　　Vgl. '5'
15　　　Vgl. '5'
16　　　Vgl. '5'
17　　　Vgl. '5'
18　　　http://en.wikipedia.org/wiki/Chaebol
　　　　　(Letzter Zugriff am 28.03.2011)

die in den Bereichen der Schiffbau- und Chipindustrie sogar Weltmarktführer ist.

Die Wirtschaft hat sich nach dem finanziellen Kollaps im Zuge der Wirtschaftskrise rasch erholt und zielt nun auf eine Förderung der Handelswege mit den anderen Industrienationen.

Es ist Koreas Ziel, die Probleme zu lösen, die Ihre Wurzeln in der Vergangenheit haben, und eine Wirtschaftsstruktur zu schaffen, die geeignet ist, mit den Herausforderungen des 21.Jahrhunderts fertig zu werden. Als Paradebeispiel stehen hier die koreanischen Beziehungen mit den USA, welche nach dem militärischen Bündnis auch auf wirtschaftliche Zweige ausgeweitet wurden.[19]

Dieser Aufstieg Südkoreas, von einer in den 60er Jahren zurückgebliebenen Diktatur hin zu einer freien Marktwirtschaft und Demokratie wird immer noch als Vorbild von vielen Entwicklungsländern gesehen. Es zeigt, dass die Ansätze einer Modernisierungstheorie und einzelne punktuelle Förderung in der Wirtschaft in Kombination mit einer hohen Arbeitsmoral und Know-Hows ein minder entwickeltes Land aus dieser 'Krise' hinaus bringen kann.

3. Die Entstehung von Songdo City

3.1 Ausgangsproblem der Ausdehnungen Seouls- auf der Suche nach einem neuen Raum

Mit dem wirtschaftlichen und politischen Aufstieg Südkoreas vergrößerte sich auch die Bevölkerung von 25,77 Millionen Einwohnern 1962[20] auf mehr als 48 Millionen Menschen 2001[21]. Diese konzentriert sich aufgrund der von der südkoreanischen Regierung betriebenen konzentrierten Förderung einzelner Gebiete des Landes, vor allem des Großraumes Seoul, auf den Nordosten des Landes. So gilt die Metropolregion zwischen Seoul und der Hafenstadt Incheon -auch genannt Metropolregion Sudogwon- mit etwa 20 Millionen Einwohnern, also knapp die Hälfte des Landes, nach Tokio als die zweitgrößte

---

19 http://www.zeit.de/wirtschaft/2010-12/usa-suedkorea-freihandel
        (Letzter Zugriff am: 28.03.2011)
20 http://www.asien-auf-einen-blick.de/korea-sued/regionen.ph
        (Letztes Zugriff: 29.03.2011)
21 http://www.asien-auf-einen-blick.de/korea-sued/regionen.ph
        (Letzter Zugriff: 29.03.2011)

Metropolregion Asiens.

De Facto hat die südkoreanische Führung kurz nach der Jahrtausendwende wegen einer ansteigenden Investitionsbereitschaft großer ausländischer Unternehmen nach einem neuen Raum, welcher als Freihandelszone um geplant werden sollte, gesucht. Fündig wurden sie dabei in der Nähe der viertgrößten Stadt des Landes (etwa 2,5 Millionen Einwohner[22]), Incheon, welche als eine wichtige IT- und Schiffbau Stadt eine überaus große Bedeutung für die südkoreanische Wirtschaft innehat.

In der Nähe der Stadt am ostchinesischen Meer wurde ein Terrain von etwa 210km² zur Bebauung einer sogenannten 'Planstadt' freigegeben.

Diese auch unter dem Namen 'Incheon Free Trade Zone (Ifez)' [23] international anerkannte Freihandelszone bestehend aus den drei Städten Yeongjong, welche vor allem für logistische Projekte und den Tourismus gebaut wird, Cheongna, die, als Kleinste der drei Städte, als zusätzliches Finanz- und Business Zentrum neben Songdo-City entwickelt werden soll und Songdo City, das Haupt-IT und Businesszentrum in der 'Ifez'.

Wesentliche Gründe für die Errichtung dieser freien Handelszone in der Nähe von Incheon waren:

- **Korea sah sich als Nation gezwungen, Anfang des 21.Jahrhunderts sich der schnellen Entwicklung Chinas anzupassen und die Position als eine der wichtigsten Wirtschaftsstandorte Asiens zu behaupten. Es galt, dass Korea „als Nuss von den 'Nussknackern' China und Japan entkommen musste"[24]**
- **Als Vorbild galten Handelszonen in den anderen 3 Tigerstaaten Taiwan, Hong Kong und Singapur („Industry 21, Business Centralization Strategy, Atae Area Management Centralization"[25])**
- **Günstige Lage in Ostasien, welche die Staaten Japan, Russland, China und Hong Kong umfasst und etwa 1/5 der weltweiten Wirtschaftskraft innerhalb weniger Stunden erreichen kann**
- **Innerhalb von einer 3-stündigen Flugzeit um die 'Ifez' herum können etwa**

22   http://www.asien-auf-einen-blick.de/korea-sued/regionen.ph
23   http://ifez.go.kr/jsp/eng/about/about1.jsp
          (Letzter Zugriff: 29.03.2011)
24   http://ifez.go.kr
          (Letzter Zugriff: 29.03.2011)
25   http://ifez.go.kr
          (Letzter Zugriff: 29.03.2011)

34% der Weltbevölkerung und 61 Städte mit über einer Millionen Einwohnern erreicht werden

- **Songdo City ist mit einer Fahrzeit von nur 20 Minuten bestens an den größten Flughafen Südkoreas den Incheon International Airport, angeschlossen**
- **Durch die Lage am Meer und die überaus große Bedeutung des Exports für Südkorea können Güter leichter produziert und mit Schiffen nach China oder Japan exportiert werden. Wegen der Lage abseits vom Meer war dies für Firmen in Seoul bisher nicht so schnell möglich**

Aufgrund dieser aufgeführten Punkte und keinem ernsthaften 'Standort-Konkurrenten' wurde von der Regierung Südkoreas 2001 der Auftrag zur Planung und zum Bau dieser Planstadt gegeben.

3.2 Planung und Umsetzung-Mithilfe von ausländischen Investoren

Als der Wunsch der Regierung nach einem starken Wirtschaftszentrum aufkam, dauerte es nicht lange, bis sich ein großer Investor für das Projekt des 'Songdo International Business District' gefunden hatte. Dieses Projekt, welches Gesamtkosten von etwa 35 Milliarden US-Dollar hat, wurde bzw. wird immer noch privat finanziert, und zwar zu 61% von der amerikanischen Firma Gale Real Estate Services, zu 9% von Morgan Stanley, welche 450 Millionen US-Dollar in das Projekt investiert haben und dem koreanischen Stahlproduzent Pasco Industries, welche die restlichen 30% des Projektes innehält.[26]
Mit Hilfe dieser Unternehmen konnte über einen kurzen Zeitraum hinweg mit der Planung dieses Projektes begonnen werden. Beauftragt wurde dafür die Architektenfirma Kohn Pederson Fox (KPF) , welche zum Beispiel auch das Shanghai World Trade Center geplant hat, im Jahre 2001. Nach 2 Jahren Planungszeit wurde der 2003 fertig gestellte Masterplan der Architekten von den Behörden genehmigt, worauf unverzüglich mit den Bauarbeiten begonnen wurde.
Von den Auftraggebern gab es verschiedene Vorgaben, welche ihren Auffassungen einer

---

26   http://www.galeintl.com/gale-international/news/in-the-news.aspx/d=11/title=Gale_International_Builds_City_From_Scratch
    (Letzter Zugriff am 29.03.2011)

modernen Planstadt entsprachen. So sollte der Songdo International Business District:

- Eine nachhaltige Kommune bilden, welche „Wohnen, Arbeiten und Freizeit"[27]
vereinen sollte
  - Sich beim Bau der Wirtschaftszone an aktuelle Umweltstandarts halten
  - Mit mehr als 40% Grünfläche einen Mittelweg zwischen Industrie- und
    Freizeitstandort liefern
  - Trotz der vielen Industrie ein urbanes Flair erzeugen

Songdo-City wird zur ihrer Fertigstellung etwa 75000 Menschen Wohnraum bieten, wozu noch etwa 300000 Pendler aus den angrenzenden Gebieten in die Stadt kommen sollen. Was Songdo-City unter den Wirtschaftsstandorten einzigartig macht ist die zum Einen mit hohem Prioritätsanspruch eingebundene Nachhaltigkeit und zum Anderen Grünflächen, die die Stadt als Vorbild für klimafreundliches Arbeiten machen.

Außerdem haben die Planer bei Songdo-City versucht, verschiedene Elemente, welche einige andere Großstädte auf dieser Welt charakterisieren, auf Songdo City zu übertragen. So wurde zum Beispiel der Central Park in New York als Vorbild einer Grünflächen mitten in einer Großstadt genommen und in ähnlicher Bauart in Songdo errichtet.

Momentan befinden sich die Bauarbeiten in der zweiten von drei großen Phasen. Da die Freihandelszone bereits 2008 eröffnet wurde, werden nun nach der grundlegenden Infrastruktur die restlichen Wohn- und Arbeitsgebäude, worauf dann 2014 in die letzte der drei Bauphasen übergegangen werden soll, sodass die Stadt letztendlich 2020 offiziell eingeweiht werden kann.

4. Der Aufbau von Songdo-City

4.1 Die Infrastruktur und zukunftsweisende Technologien[28]

In Bereichen der Infrastruktur wurden mit dem Bau von Songdo-City neue Maßnahmen

---

27   http://de.wikipedia.org/wiki/New_Songdo_City
      (Letzter Zugriff am 29.03.2011)
28   http://www.songdo.com/songdo-international-business-district/the-city/master-plan.aspx
      (Letzter Zugriff am 29.03.2011)

gesetzt. Dabei wurde sehr viel Wert auf grüne Technologien gesetzt, wie zum Beispiel ein

großes Netz an Fahrradwegen oder umweltfreundliche öffentliche Verkehrsmittel. Darüber

hinaus war es den Architekten sehr wichtig, eine internationale Atmosphäre zu kreieren. So

wurde eine internationale Schule für 2500 Schüler errichtet und von verschiedenen

monumentalen Bauwerken, wie zum Beispiel dem Opernhaus in Sydney abgekupfert und

dies auf Gebäude in Songdo-City übertragen. Darüber hinaus wurde beim Bau der Stadt

sehr viel Wert auf die Smartphone-Kompabilität gelegt. So können Besitzer mit ihren

Phones Bustickets lösen, ihre Haustüre aufschließen, oder sich vom Arzt kontrollieren

lassen. Diese angewendete Technologie kann als Vorbild für alle Städte dieser Welt

gesehen werden, denn Songdo-City ist in diesem Bereich weit voraus.

Mit der Errichtung von Songdo-City wurde der Begriff der 'Aerotropolis'[29] , was eine Stadt

bezeichnet, die sich nach der Lage eines Flughafens richtet, eingeführt. Da die Bedeutung

der Luftfracht steigt, „etwa 40% der weltweiten Güter werden mit dem Flugzeug

transportiert"[30] , versuchen die Wirtschaftszentren direkte Industriezentren in der Nähe von

solchen Flughäfen zu errichten. Ähnliche Beispiele sind die Aerotropolis Dubai World

Central oder Die in Rio de Janeiro.

5. Die Bedeutung von Songdo City für die globale Industrie

Songdo-City ist das internationale Zentrum für den Wirtschaftsbereich in Südkorea.

Während früher die für den wirtschaftlichen Erfolg wichtigsten Firmen Südkoreas über

ganz Seoul verstreut waren, wurden Diese nun gebündelt und haben ihren Standpunkt in

dieser Planstadt.

Die Stadt wurde zusammen mit dem wirtschaftlichen Aufschwung Chinas errichtet, was ein

weiteres Zeichen der Kooperationsbereitschaft Südkoreas gegenüber ihren ostasiatischen

Partnern ist.

Durch ihre einfache Erreichbarkeit mit über 61 Megastädten innerhalb von 3 Stunden

---

29   http://www.songdo.com/songdo-international-business-district/why-songdo/aerotropolis.aspx
          (Letzter Zugriff am 29.03.2011)
30   http://renoarde.blogg.de/eintrag.php?id=190
          (Letzter Zugriff am 29.03.2011)

Flugzeit bietet Songdo-City die idealen Möglichkeiten für einen Austausch zwischen Japan, China, Russland, Hong Kong und Südkorea.

Dies lässt wieder auf das Ausgangsproblem dieser Facharbeit zurück schließen, nämlich die Auswirkungen der Globalisierung in Südkorea- wofür Songdo City ein geeignetes Beispiel ist. Durch die Globalisierung wurde die Mobilität zwischen den einzelnen Ländern gefördert, Exporte werden weiterhin erhöht und Geschäfte immer schneller abgeschlossen. Diese Mobilität und Internationalität, welche von der Globalisierung gefordert wird, wurde von den Planern von Songdo City genau durch zum Beispiel internationale Schulen, Grüntechnologien, Nähe zum Flughafen, ausgeprägte Kommunikation und einem Bilinguismus auf Songdo durchgesetzt.

6. Probleme und Herausforderungen von Songdo City

Auf dem Weg zu einer der wichtigsten Business-Zentren der Welt mussten die Planer von Songdo-City und die koreanische Regierung bereits einige Herausforderungen bewältigen. So wurde zum Beispiel von der Regierung gefordert, dass, um mehr ausländische Familien nach Songdo zu locken, maximal 30% der 2100 Schüler der internationalen Schule koreanischen Ursprungs sein konnte. Jedoch sind von den bisher 744 Ausländern, welche in Songdo registriert sind, nur 50 in einem schulpflichtigen Alter.[31]

Außerdem ist der Konkurrenzkampf zwischen verschiedener Standorte in Ostasien sehr groß, sodass von einigen Experten der Erfolg von Songdo-City bezweifelt wird. Vor allem China, welche in verschiedenen Technologien rasant aufholt stellt mittlerweile einen für Korea ernst zunehmenden Konkurrenten dar.[32]

Trotz dieser bisher ungelösten Probleme ist Songdo City, laut einiger Experten auf bestem Weg, auch aufgrund der fortschrittlichen Technologie, diesen Konkurrenzkampf erfolgreich zu bestehen. Auch wegen verschiedener internationaler Unternehmen, wie zum Beispiel

---

31   http://www.businesssphere.org/index.php?option=com_content&view=article&id=24:songdo-article&catid=21:innovation-i&Itemid=10
     (Letzter Zugriff am 29.03.2011)
32   http://www.businesssphere.org/index.php?option=com_content&view=article&id=24:songdo-article&catid=21:innovation-i&Itemid=10
     (Letzter Zugriff am 29.03.2011)

Cisco[33] , welche das Projekt mit Know-How und auch mit finanziellen Mittel unterstützen.

7. Songdo City-Ein Voranreiter oder gescheitertes Projekt?
Stellungnahmen aus dem koreanischen Volk und der koreanischen Industrie

Die koreanische Gesellschaft steht der Planstadt Songdo-City äußerst positiv gegenüber. Als nach der Fertigstellung der ersten Baukomplexe erste Apartments zum Verkauf angeboten wurden, waren diese innerhalb weniger Tage ausverkauft. Da die Koreaner, als technikverliebtes Volk, modernen Technologien und Veränderungen in der Gesellschaft sehr schnell annimmt, wird dieses Projekt innerhalb Koreas als Erfolg angesehen , da:

- Es laut den koreanischen Medien die Wirtschaft nach der, auch für Korea, heftigen Wirtschaftskrise neue Impulse setzen kann
- Die Position von Korea in der Weltwirtschaft festigt
- Es der Bevölkerung ermöglicht, sich durch mehr Programme zu 'globalisieren'
- Die Infrastruktur in dem vorher eher strukturschwachen Gebiet verbessert
- Die Wohn- und Arbeitssituation in Seoul entlastet
- Die Stadt umweltfreundlich erbaut wird und somit Skeptiker, welche mit dem Mittel der 'braunen Produktion' gegen den Bau dieser Stadt argumentieren

---

33   http://articles.latimes.com/2010/jun/09/business/la-fi-cisco-20100609
      (Letzter Zugriff am 29.03.2011)

8. Resumé und Fazit

Wenn man den Aufstieg Südkoreas mit anderen Tigerstaaten, wie zum Beispiel Hong Kong vergleicht, so bleibt einem zu sagen, dass Dieses eines der wenigen Länder der Erde ist, welches ohne große finanzielle Unterstützung, wie zum Beispiel von Hong Kong durch England und das Commonwealth, den Sprung in die Gemeinschaft der 20 größten Industrienationen der Erde geschafft hat.

Die Unterschiede von der damaligen Situation in Südkorea zu den anderen Entwicklungsländer sind:

- Wenig Korruption
- Eine hohe Arbeitsmoral der Bevölkerung
- Keine Großgrundbesitzer bzw. Großindustrielle
- Eine starke Regierung

Mithilfe dieser Mittel hat sich Korea an der Weltspitze fest gesetzt und ist aus diesem Kreis, neben China und Japan auch nicht raus zu denken.

Häufig denkt man bei dem Stichwort 'Wirtschaft in Asien' an Japan oder China, jedoch steht Korea was das Know-How oder die Firmen angeht an nichts nach. Firmen wie Lucky Goldstar oder Hyundai nehmen auch Einfluss auf unser Einkaufsverhalten und das Gütesigel 'Made in Korea' steht für Sauberkeit, Präzision und technologischen Fortschritt. Die Globalisierung ist auch in Korea angekommen und äußert sich eben durch solche Maßnahmen wie das Errichten solcher Planstädte oder das Umdenken in gesellschaftlichen Werten. Südkorea ist gerade, vor allem was internationale Fachkräfte und Ausbildung angeht, dabei extrem aufzuholen und versucht mit der Errichtung von Institutionen wie der Yonsei University mehr ausländische Fachkräfte für Korea zu begeistern. Es ist relativ klar zu erkennen, dass das Potential von Südkorea noch nicht ausgeschöpft ist.

Was in der Facharbeit aber noch gar nicht erwähnt wurde, ist der Konflikt mit Nordkorea. Ein großer Teil der Wirtschaft und auch der koreanischen Gesellschaft ist nämlich durch diesen Konflikt mit den 'Brüdern aus dem Norden' nur auf wackligen Pfeilern. Falls es zu einem Eklat kommen sollte und zwischen den beiden Staaten kriegerische Auseinandersetzungen ausbrechen sollten, so wird das Land auf denselben Status zurückgeworfen, welchen es schon vor 50 Jahren inne hatte, nämlich dem eines vom Krieg zerstörten Landes.

Deswegen versuchen die südkoreanischen Staatsoberhäupter diesem 'Worst-Case-Szenario' präventiv zu wirken und die angespannte Lage mit dem kommunistischen Nordkorea halbwegs unter Kontrolle zu kriegen.

Was nach dem Schreiben der Facharbeit klar wird, ist, dass Songdo City eine große Bedeutung als moderne Planstadt innehaben wird. Kein

Literaturverzeichnis

Internet:

- http://www.auswaertiges-amt.de/DE/Aussenpolitik/Laender/Laenderinfos/KoreaRepublik/Bilateral_node.html
- http://wirtschaftslexikon.gabler.de/Definition/tigerstaaten.html?extGraphKwId=6303
- http://en.wikipedia.org/wiki/Chaebol
- http://www.zeit.de/wirtschaft/2010-12/usa-suedkorea-freihandel
- http://www.asien-auf-einen-blick.de/korea-sued/regionen.ph
- http://ifez.go.kr/jsp/eng/about/about1.jsp
- http://www.galeintl.com/gale-international/news/in-the-news.aspx/d=11/title=Gale_International_Builds_City_From_Scratch
- http://de.wikipedia.org/wiki/New_Songdo_City
- http://www.songdo.com/songdo-international-business-district/the-city/master-plan.aspx
- http://renoarde.blogg.de/eintrag.php?id=190
- http://www.businesssphere.org/index.php?option=com_content&view=article&id=24:songdo-article&catid=21:innovation-i&Itemid=10
- http://articles.latimes.com/2010/jun/09/business/la-fi-cisco-20100609

Bücher:

- Pascha, Werner: Korea-Eine Wirtschaft zwischen Aufbruch und Umbruch, B.I. Taschenburch-Verlag, Mannheim, Leipzig, Wien, Zürich, 1996
- Engelhard, Karl: Südkorea-Vom Entwicklungsland zum Industriestaat, Waxmann, Münster/New York/München, 2004
- Meyers Atlas der Globalisierung, Bibliographisches Institut & F.A. Brockhaus A.G., Mannheim, 2008